D1688324

# Raconte-moi le Surf

Hugo Verlomme

Marc Lagarde

Cairn Surf
Coédition

# Au commencement...

L'océan a modelé l'humanité. **La vie est née dans la mer** et les vagues ont sans doute transporté les premiers organismes vivants sur la terre ferme. Avant de naître, nous passons nos neuf premiers mois en milieu liquide, le ventre maternel, et notre corps lui-même est en grande partie composé d'eau. Après avoir vécu sur les plages, les humains ont construit des bateaux, traversé l'Océan et découvert d'autres territoires.

**L'archipel hawaiien**, exposé aux énormes houles du Pacifique, voit déferler les plus belles vagues du monde. Pour les anciens Hawaiiens, venus de **Polynésie** en pirogue, le surf faisait partie des rituels. Femmes et enfants surfaient et les rois eux-mêmes étaient choisis parmi les plus audacieux surfers. Certaines vagues étaient réservées à la caste royale et si un simple sujet bravait l'interdit, il pouvait être mis à mort ! Il fallut attendre 1778 pour que l'Occident découvre ces premiers surfers du Pacifique, grâce au capitaine **Cook**. Dans ses récits, le célèbre explorateur décrit des Hawaiiens, grands et petits, surfant les vagues de la baie de Kealakekua.

# He'e nalu

Dans le sillage du capitaine Cook, **d'autres Blancs** sont arrivés à Hawaii, apportant avec eux les maladies contagieuses, l'argent, la morale religieuse. Les missionnaires furent choqués de voir des sauvages tout nus dans les vagues. Ainsi le surf (appelé *he'e nalu*) fut interdit et les planches sciées en deux pour devenir des pupitres d'écoliers ! Voilà comment le surf faillit disparaître de la face du monde. Heureusement en 1907, **Jack London**, célèbre auteur de *Croc Blanc*, passe par Hawaii à bord de son yacht. Enchanté par la beauté du surf, l'écrivain publie des articles dans la presse américaine pour sauver de l'oubli ce sport royal. Mais le premier véritable ambassadeur du surf fut un héros d'Hawaii appelé **le Duke**. Cet "homme de l'eau" avait surfé un raz-de-marée, sauvé de nombreuses vies, même les naufragés d'un navire en perdition, avant de gagner trois médailles d'or de natation aux Jeux Olympiques. Mais Duke Kahanamoku, avant tout un grand surfer, partit faire des démonstrations en **Californie** (1912) puis en **Australie** (1915), qui déclenchèrent la passion du surf dans le monde. La graine était semée...

Jack London 1907

5

## Le surf arrive en Occident

Dès que le surf arrive en **Californie**, il passionne nageurs et inventeurs. Ils sont nombreux, sportifs et ingénieux, à s'y frotter, tel un charpentier nommé **Tom Blake**, qui multiplie les modèles, installe des dérives et fabrique des planches creuses, plus légères et maniables que celles des anciens Hawaiiens. **Malibu** devient la plage symbole des surfers. Les compétitions s'organisent. Le surf est présent dans les magazines, la musique (les Beach Boys) et le cinéma (*Endless Summer, L'Eté sans fin*). Le surf est aussi un mode de vie. **Esprits rebelles**, proches des éléments, les surfers vivent sur les plages, tournant le dos à la société de consommation; ils ont leur langage, leurs codes, leurs signes de reconnaissance. Pendant ce temps, le surf se développe et des champions apparaissent... Années 1960, les premiers magazines circulent. Les photos de **vagues géantes**, prises à Hawaii, font rêver les surfers du monde entier. **Pipeline** et le North Shore (Côte Nord) deviennent des lieux de pélerinage. Les premiers films de surf déchaînent les foules. Epatés, les jeunes surfers découvrent les vagues d'Hawaii, de Californie, d'Australie, d'Indonésie ou de France et décident de partir à leur tour pour un "surf-trip" (voyage de surf), en quête de la vague parfaite...

7

# La France découvre le surf

En 1956, une équipe de cinéma d'**Hollywood** se trouve à Biarritz pour le tournage d'un film sur la guerre d'Espagne, d'après un livre d'Hemingway. En découvrant les vagues de la **Côte des Basques**, le réalisateur et le producteur demandent qu'on leur envoie une planche de Californie avec le matériel de tournage.
C'est ainsi que la première planche de surf arrive en France. Après s'être cabossée contre les rochers, elle tombe entre les mains d'un nageur et inventeur du coin : Georges **Hennebutte**, qui joue dans les vagues avec son planky (petite planche au

au nez recourbé pour surfer allongé, ancêtre du bodyboard). C'est lui qui la répare. Plus tard Hennebutte créé le premier système d'attache (le leash d'aujourd'hui). Joël de Rosnay, alors étudiant, récupère la planche et la surfe à Biarritz. D'autres planches sont fabriquées par **Rott** et **Barland**. On commence à surfer, à Biarritz, Hossegor, Lacanau... Jo **Moraïz** ouvre le premier surf-shop, boutique de surf. En 1960 Joël **de Rosnay** remporte les premiers championnats de France. Ces pionniers de la belle époque sont aujourd'hui appelés "Les Tontons Surfers".

# Surf business

Au cours des années 1970-80, le surf devient un sport de haut niveau, ainsi qu'une industrie : c'est le **surf business**. Le marché des planches se développe, tout comme la mode (surfwear) et des centaines de modèles fleurissent sur les plages. Le surf fait partie intégrante de la société. **Les compétitions** se déroulent aux quatre coins du globe, suivies par des millions de gens. Les champions deviennent des stars. Les photographes aquatiques vont toujours plus loin pour rapporter d'incroyables photos de tubes. **Des magazines** de surf apparaissent. **La France** s'impose comme leader européen du surf. Films et photos font vibrer un public de plus en plus vaste

sur des exploits époustouflants. Certains pays deviennent des rendez-vous incontournables pour les surfers du monde entier. **La mode surf** est un Eldorado financier qui rapporte des millions aux grandes marques.
Mais une fois dans l'eau, il n'est pas toujours facile de se trouver une place sur les vagues, tant certains "spots" (lieux propices au surf) sont convoités. On est loin des premiers surfers vagabonds qui campaient sur les plages...

## Surf et dérivés

Le surf est la glisse la plus connue, mais il en existe bien d'autres. Pour s'initier, on peut par exemple pratiquer le **bodysurf**, l'art de surfer les vagues avec le corps, sans planche.

Le **bodyboard** ou Morey (du nom de son inventeur) est accessible à tous, même aux plus jeunes. Cette planche courte et maniable permet de surfer allongé, palmes aux pieds.
Certains champions, tel **Mike Stewart**, sont capables de surfer de très grosses vagues et de faire d'incroyables manœuvres sur un bodyboard.

En ville, la planche à roulettes, le fameux **skateboard**, procure de véritables sensations de glisse sur le bitume, mais gare aux chutes !
Avec le **vent**, d'autres formes de glisse sont apparues, combinant les vents et les vagues : planche à voile, **funboard**, cerfs-volants pour le **kite-surf**, etc.

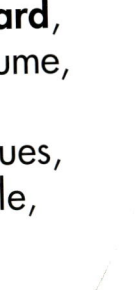

Dans la **neige** aussi, le surf a provoqué une révolution : finis les deux skis parallèles, bienvenue au **snowboard** ou surf des neiges, planche utilisée par les débutants aussi bien que par les sportifs de l'extrême.
Il existe d'autres formes de glisse, plus ou moins connues, sur l'eau, la terre, l'air ou la neige. Sportifs et inventeurs n'ont pas fini de nous surprendre en repoussant toujours plus loin les limites.

## Des planches à l'infini

Tout comme les anciens Hawaiiens possédaient différentes planches, il existe de nombreuses variétés, grandes ou petites, adaptées aux vagues et aux surfers. La planche traditionnelle, longue et flottante, est appelée longboard; elle est stable, possède un nez arrondi et une seule dérive. C'est une bonne planche pour débuter, surfer des vagues plutôt molles et longues ou s'entraîner à ramer. Mais après avoir été détrôné par les planches courtes, le **longboard** revient, car il permet de surfer dans des conditions variées, avec audace et élégance. Le **shortboard** est une planche plus petite et légère, qui flotte moins et dont le nez pointu est relevé; elle peut avoir plusieurs dérives. La planche à trois dérives (**thruster**) est la plus répandue aujourd'hui.

C'est une planche instable, mais rapide et maniable, qui se prête aux manœuvres radicales. On l'utilise plutôt dans des vagues courtes et creuses. Il existe de nombreux modèles aux différentes utilisations : pour les débutants, le **sauvetage**, la rame (paddleboard), planches longues et effilées (**guns**) pour les plus grosses vagues, etc. La technologie, alliée à l'inventivité, nous réserve bien des surprises, comme cette planche munie d'hydrofoils imaginée par **Laird Hamilton** pour voler au-dessus des vagues...

16

# Approche de la plage

Sur la plage, commençons par **observer** l'océan. Les plus grosses vagues arrivent par **séries**. La mer peut sembler calme comme un lac puis être pleine de vagues l'instant suivant.
Il est donc important de déterminer leur fréquence et l'endroit où elles déferlent.
Le débutant s'entraînera dans la mousse des vagues déjà cassées.
Les vagues les plus dangereuses sont les rouleaux de bord (**shorebreak**) qui déferlent près du bord ou directement sur le sable de la plage. Plus d'un nageur ou surfer imprudent s'est gravement blessé le cou dans ces vagues si proches.
Ancêtre du surf, le **bodysurf** est un bon entraînement. Avec une simple paire de palmes, on peut surfer les vagues en travers, sur toute leur longueur. La plupart des grands surfers sont d'excellents bodysurfers, comme **Tom Curren** ou **Kelly Slater**. Avant l'invention du leash (l'attache), le surfer qui chutait perdait sa planche et devait donc retourner au bord à la nage ou mieux, en bodysurf. Le **leash** apporte une sécurité, mais peut casser. Il faut donc choisir des vagues à sa mesure et être capable de rentrer seul à la nage.

# Premiers coups de rame

L'un des grands plaisirs du surf est sa **simplicité** : une planche, des vagues, c'est tout ce qu'il faut. L'équipement comprend l'attache reliant la planche à la cheville (**leash**), la **wax** (paraffine) à étaler sur la planche pour ne pas glisser, et parfois une combinaison, selon la température de l'eau. Apprendre à **ramer** est essentiel, allongé ou à genoux, selon les planches. Ramer fait partie intégrante du surf, c'est un entraînement nécessaire qui donne l'occasion de trouver son équilibre sur l'eau. C'est en ramant qu'on rejoint les vagues, qu'on se sort de situations difficiles et surtout qu'on démarre sur la vague.

Une fois que l'on sait ramer et qu'on s'est entraîné sur le sable à se lever sur la planche, vient le moment d'aller surfer ses premières mousses.
Quelques conseils : **s'échauffer** avant de se mettre à l'eau, vérifier la solidité de l'attache et **ne jamais surfer seul**. L'apprentissage se fait en observant les autres ou auprès d'instructeurs confirmés. De nombreuses écoles existent, avec des moniteurs agréés par la Fédération Française de Surf.

# Face aux vagues

*Bottom-turn*

Vient enfin le moment de se mettre à l'eau. Profitons des accalmies entre les séries de vagues pour ramer vers le large. Parfois des courants circulent dans les chenaux, qui peuvent nous tirer vers le large et faciliter la sortie. Lorsqu'arrivent des mousses ou des vagues qu'on ne peut pas éviter, il faut reporter son poids vers l'avant de la planche pour passer sous la vague en effectuant un **"canard"**.

Vagues qui poussent, versent, ferment, jettent, creusent ou tubent...
Aux différents types de vagues correspondent diverses façons de surfer. On dit d'une vague qu'elle est une **"droite"** si elle déferle vers la droite (dos à l'horizon) et une **"gauche"** si elle déferle vers la gauche. Toutes recèlent des plaisirs et des surprises, mais jamais deux vagues ne seront identiques.
Le surfer apprend à se placer au plus près du **pic** (où la vague commence à casser) pour un bon démarrage (**take-off**).
Le but du jeu est de tirer le meilleur parti

*Canard*

*Roller*

*Tube*

d'une vague en surfant de façon dynamique, près du déferlement (**le curl**).
Les manœuvres évoluent au fil des championnats. Les principales : virage en bas de vague (**bottom-turn**), virage en haut (**roller**), retour vers le curl (**cut-back**), mais le moment suprême, c'est le légendaire **tube**. Le surfer se laisse enfermer dans le cylindre d'eau, cathédrale de cristal, avant d'en ressortir, propulsé par l'air comprimé de la vague qui s'écrase sur elle-même !

# La loi tribale du surf

Au début, le surf n'était pratiqué que par une minorité de passionnés qui se respectaient. Aujourd'hui le succès planétaire du surf est tel que certaines vagues sont surpeuplées toute l'année. Ceux qui vivent et surfent sur le spot, les "**locaux**", peuvent montrer des réactions hostiles face aux nouveaux-venus, mais un peu de bon-sens et de courtoisie débloquent souvent bien des situations. D'autres fois il est préférable de chercher des vagues moins bonnes, moins peuplées, et toujours loin des baigneurs.

En présence d'autres surfers, garder en tête quelques **règles de priorité** et de sécurité :
- Lorsqu'on remonte vers les vagues, s'écarter de la zone d'impact. Si un surfer glisse dans votre direction, c'est à vous de l'éviter, même si cela vous oblige à être pris dans la mousse.

- Si plusieurs surfers se trouvent au démarrage d'une même vague, la priorité revient au plus éloigné du bord (avant déferlement), ou au plus proche du pic (après déferlement). Sinon, le premier debout a priorité.

- Face à une vague ou dans une chute, ne jamais jeter sa planche, qui peut blesser les autres. Ce qui doit primer entre surfers, c'est ce que les Hawaiiens appellent **l'esprit "aloha"**, respect et solidarité. Les vagues sont un milieu dangereux, imprévisible, et chaque surfer doit aussi être le gardien des autres.

*Cut-back*

*Snap-back*

# Toujours plus fort, plus haut...

Toutes les formes de glisse s'influencent mutuellement. Des figures inventées en skateboard ou en planche à voile sont adaptées aux vagues par les surfers. Avec l'évolution du matériel et des techniques, les **manœuvres se radicalisent.** Le **cut-back** est un virage ample qui permet de revenir vers le cœur de la vague, tandis que le **snap-back** est un dérapage contrôlé qui sert à ralentir le surfer, le temps d'être rattrapé par la vague. Tout comme on peut s'envoler sur une **rampe** de skate ou de snowboard, les surfers s'amusent à utiliser les vagues comme tremplins pour exécuter des figures de plus en plus acrobatiques et aériennes (**aerial**).
Mais au-delà des performances, le surf crée des hommes et des femmes en communion avec les éléments et cela donne parfois de grands champions et championnes, de la trempe de **Lisa Andersen**, **Layne Beachley**, **Tom Curren** ou de **Kelly Slater**.

*Layne Beachley et Kelly Slater*

*Aerial*

# La voie du waterman

L'homme qui vit au contact de l'océan l'approche de multiples façons. Les plus grands surfers sont aussi capables de nager en pleine tempête, de faire du bodysurf, du kayak, de la plongée... A Hawaii, on appelle watermen ceux qui vivent **en harmonie avec l'océan** et sont capables de surfer de grosses vagues ou de sauver des gens.

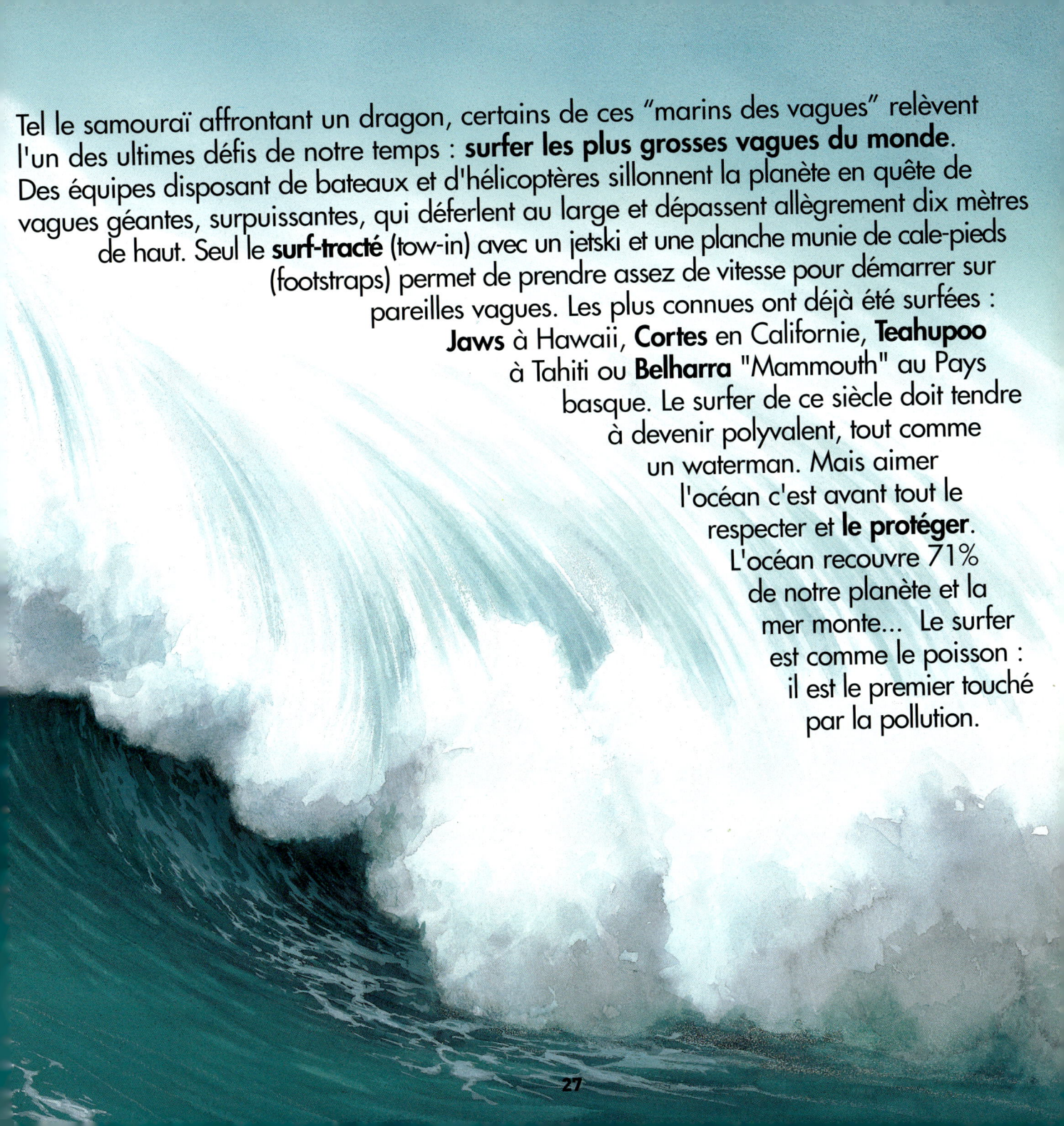

Tel le samouraï affrontant un dragon, certains de ces "marins des vagues" relèvent l'un des ultimes défis de notre temps : **surfer les plus grosses vagues du monde**. Des équipes disposant de bateaux et d'hélicoptères sillonnent la planète en quête de vagues géantes, surpuissantes, qui déferlent au large et dépassent allègrement dix mètres de haut. Seul le **surf-tracté** (tow-in) avec un jetski et une planche munie de cale-pieds (footstraps) permet de prendre assez de vitesse pour démarrer sur pareilles vagues. Les plus connues ont déjà été surfées : **Jaws** à Hawaii, **Cortes** en Californie, **Teahupoo** à Tahiti ou **Belharra** "Mammouth" au Pays basque. Le surfer de ce siècle doit tendre à devenir polyvalent, tout comme un waterman. Mais aimer l'océan c'est avant tout le respecter et **le protéger**. L'océan recouvre 71% de notre planète et la mer monte... Le surfer est comme le poisson : il est le premier touché par la pollution.

# Le surf demain

L'essence du surf, c'est **le contact entre l'homme et les éléments**. A l'origine, le surfer vit en harmonie avec la nature. Pour pratiquer, nul besoin de moteur ni de piste spéciale. La beauté du surf est dans sa simplicité. Le surfer originel ne laisse pas de pollution derrière lui, juste le sillage de sa planche dans l'eau et des traces de pieds dans le sable... La plage est un milieu aussi magique que fragile. Le plaisir du surf dépend également de la propreté des eaux et des sols. Des catastrophes écologiques comme la marée noire de *l'Erika* et du *Prestige*, ayant entraîné **une vaste pollution du littoral atlantique**, doivent nous faire réfléchir sur notre mode de vie. La surconsommation des pays riches menace la planète entière. En tant que surfers et en tant que consommateurs, nous avons le pouvoir de changer le monde. C'est à chacun de nous de ne plus consommer ou polluer aveuglément. Le surf peut être une leçon de vie. **Protéger sa plage, c'est aussi protéger la planète.**

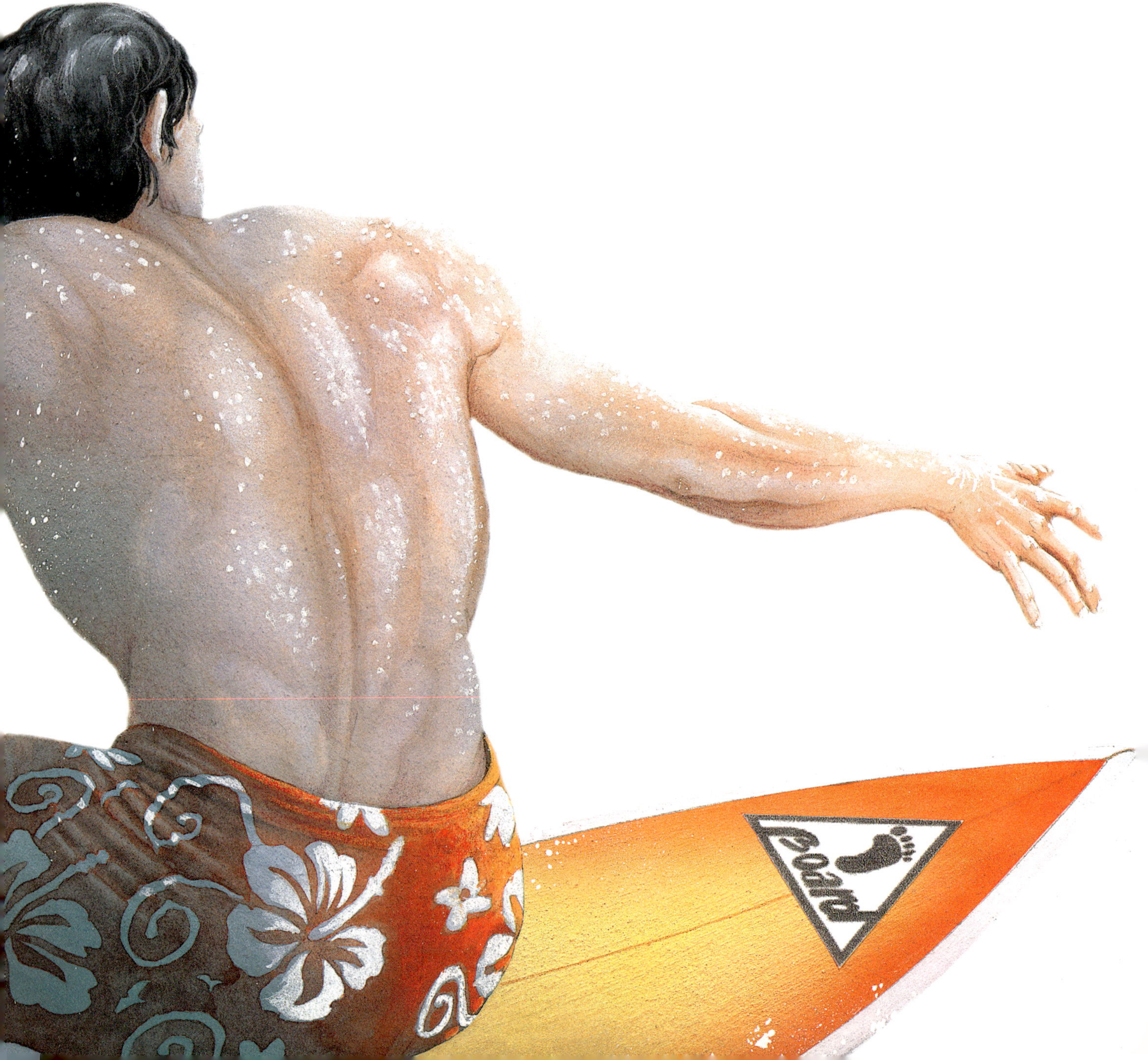

# Ressources

## Fédération Française de Surf

Plage Nord, BP 28, 40150 Hossegor

Tél. 05 58 43 55 88

Site: www.fedesurf.com

## Magazines en français

Surf Session, Surfer's Journal, Trip Surf, Surf Europe

## Livres

- **L'Homme et la vague** (Gibus de Soultrait et Sylvain Cazenave), Editions Vent de Terre. Un livre complet, illustré de superbes photos.
- **Le Guide complet du surf** (Peter Dixon), Editions Atlantica. Le livre pour s'initier au surf, plus gros best-seller sur le sujet aux Etats-Unis.
- **Connaître le surf** (Vincent Biard), Editions Sud Ouest. Petit livre d'initiation illustré de photos.
- **The World Stormrider Guide** (Antony Colas), Low Pressure Editions. En anglais, illustré de photos et de cartes, le guide des spots du monde.
- **L'Homme des vagues** (Hugo Verlomme), Gallimard Jeunesse. Roman d'initiation au surf, à la mer et à l'amour.

## Ecoles de Sauvetage côtier (Landes et Pays Basque)

Hossegor Sauvetage Côtier

52 rue des Landais 40150 Hossegor

Tél. 05 58 43 74 74 - www.hossegor-sauvetage.net

Ecole de Stéphanie Barneix

E-mail : barneix@hotmail.com - www.stephbarneix.com

Quoi de plus complémentaire au surf que le sauvetage côtier ? Les clubs de sauvetage proposent des initiations dès l'âge de 8 ans.

## Surfrider Foundation Europe

120 Av. de Verdun, 64200 Biarritz - Tél. 05 59 23 54 99

Site: www.surfrider-europe.org

Association de protection de l'Océan fondée par des surfers du monde entier.

## Sur Internet

www.surf-report.com - Toutes les infos sur les vagues et les spots

www.surf4all.net - Site très complet et varié

www.surftrip.net - Vagues et spots du monde entier

www.surfsession.com - Le site du magazine Surf Session

**COÉDITION CAIRN & SURF SESSION**
Illustrations Marc Lagarde
Texte Hugo Verlomme
Photogravure Isokea / Biarritz
Impression Zubi / Espagne
Dépôt légal : avril 2004
ISBN 2-912233-82-8

Surf Session Editions
44 rue Luis Mariano
64200 Biarritz
www.surfsession.com

Editions Cairn
1 rue Justin Blanc
64000 Pau